PUBLICATIONS DE LA RENOMMÉE

(JOURNAL ET REVUE).

BIOGRAPHIE GÉNÉRALE.

SON EXCELLENCE M. LE MARÉCHAL

MAGNAN

COMMANDANT EN CHEF L'ARMÉE DE PARIS
ET COMMANDANT SUPÉRIEUR DES DIVISIONS DU NORD,
GRAND VENEUR DE L'EMPEREUR NAPOLÉON III,
ETC., ETC., ETC., ETC.

PARIS

BUREAU DU JOURNAL ET DE LA REVUE
LA RENOMMÉE.

1859

LE MARÉCHAL MAGNAN.

> Honor y virtud adonarban corazon del
> elido grande.
>
> (*Vieille chronique nationale*).

Parmi les illustrations de tout genre dont la
France peut, à bon droit, se montrer fière, les
gloires acquises sur le champ de bataille et consa-
crées par le canon ont à coup sûr la première place.
La vie militaire a par elle-même une sorte de prestige
auquel n'échappent pas les plus indifférents, et le
Français, naturellement chevaleresque, aime par-des-
sus tout ces mâles figures qui lui apparaissent, comme
le héros d'un autre âge, dans une lumineuse auréole
au bruit des fanfares guerrières et à l'ombre du dra-

1.

peau. Les souvenirs éveillent une foule d'idées géné-
reuses, le cœur bat, l'imagination s'élève, et chacun
se sent fier de la gloire d'un seul, car cette gloire est
en même temps celle du pays qui produit de tels hommes. Ecrire l'histoire d'un brave soldat, d'un guerrier
illustre, c'est donc s'assurer d'avance d'honorables
et nombreuses sympathies. La tâche est encore cependant bien plus belle et plus facile , quand l'homme de
guerre, dont on raconte les hauts faits, ne s'est pas
borné à mettre glorieusement son épée au service de
son pays, quand il a su joindre les travaux de l'esprit
à ceux du corps, et que la vie civile ne le montre pas
moins grand que les péripéties de l'existence militaire. C'est qu'il est difficile en effet de sortir de sa
sphère et d'en sortir avec bonheur : l'épée qui manie
vaillamment le glaive, n'est pas toujours apte à tenir
la plume ; le soldat courageux, mais ferme et dur,
reste quelquefois étranger aux sentiments de là famille qui ne semblent pas faits pour lui. Mais combien
il est admirable lorsqu'il réunit ces qualités si diverses, lorsqu'on le voit à la fois brave dans l'action, sa-
vant et judicieux dans le cabinet, tendre et aimant
dans son intérieur et dans sa vie privée, et lorsque la
voix mâle qui tant de fois a guidé les soldats à l'ennemi ou les a ralliés dans les batailles, s'adoucit pour
faire le charme du foyer, et raconter aux enfants at-
tentifs cette épopée qu'ils admirent sans la comprendre, et qu'ils continueront peut-être un jour !

Nous le répétons : c'est là pour nous l'idéal de

l'homme de guerre : on a beaucoup parlé du *soldat
laboureur,* on l'a mis en drame, en romans, en vau-
deville, en gravures, en chansons ; loin de nous la
pensée de contester son mérite, qu'on a d'ailleurs
assez célébré ; mais nous lui préférons le soldat pen-
seur, lettré et père de famille, car il a un triple titre
à l'estime de tous.

Le maréchal Magnan est un de ces hommes privi-
légiés, une de ces rares natures qui semblent ainsi
réunir tout pour se concilier à la fois l'estime et l'af-
fection. L'armée l'aime comme un de ses plus brillants
chefs, et son noble caractère lui a valu, dans la vie
civile, les plus honorables sympathies. D'ailleurs l'histoire de sa vie que nous allons raconter sera son plus
bel éloge, et le fera connaître mieux que nous ne pour-
rions le faire dans de longues appréciations dénuées
de faits.

Magnan (Bernard-Pierre) est né le 7 décembre 1791,
à Paris. Nous ne nous arrêterons pas sur son enfance
qui fut semblable à celle de tous les jeunes gens de
cette époque. L'empire était dans toute sa gloire,
l'aigle volait de capitale en capitale, et le canon français faisait trembler l'Europe. La jeune génération
tressaillait et s'enthousiasmait au récit des héroïques
triomphes de nos armées ; tous les cœurs suivaient le
drapeau de la France sur le Danube et sur le Rhin, au
delà des Alpes et jusqu'aux extrémités de l'Europe.
Tous attendaient avec impatience que leur tour vînt
d'aller prendre part à la grande lutte et marquer glo-

rieusement leur place dans les rangs de ces braves dont
les hauts faits les transportaient d'admiration et de
patriotique enthousiasme. Le jeune Magnan obéit
comme les autres à cette souveraine influence, à ce
désir de gloire, à ces élans généreux qui soulevaient
les masses. A peine âgé de 18 ans, il entra comme
soldat au 66ᵉ régiment de ligne, mais on sait qu'à cette
époque surtout, tout soldat avait dans sa giberne le
bâton de maréchal, et le jeune conscrit était un de ces
hommes que la mort seule peut arrêter dans leur brillante carrière, mais qui entrent dans la lice au dernier
rang avec confiance et courage, parce qu'ils se sentent
la force de parvenir au premier.

En quelques jours le nouveau soldat franchit les premiers grades, et le 1ᵉʳ janvier 1810, il était sergent dans
le régiment où il s'était engagé et qui dans la même
année fut dirigé sur l'Espagne. Là régnait alors dans
toute sa fureur cette terrible guerre qui devait porter
un coup si funeste à la puissance jusqu'alors invaincue
du grand conquérant. En vain l'Empereur lui-même
était venu venger la capitulation de Baylen et la défaite
de Vimeiro ; en vain, triomphant à Burgos, à Espinosa,
à Tudela, à Somo-Sierra, il entra dans Madrid, pendant que Saint-Cyr battait les Catalans, et que Soult,
à la Corogne, poussait l'armée anglaise l'épée dans les
reins et la forçait à se réfugier sur ses vaisseaux et à
abandonner la Péninsule ; la campagne d'Autriche, en
le rappelant à de nouvelles victoires, rendit aux Espagnols révoltés toute leur audace. L'insurrection épar-

pillée dans les provinces livrait un nombre infini de combats et pas une seule bataille. On a tout dit sur cette terrible guerre de partisans, la plus redoutable de toutes, sur ces insaisissables guérillas, qui, embusqués dans leurs montagnes, dans leurs fossés, derrière les moindres accidents de terrains, donnaient à cette guerre un caractère tout particulier d'extermination et causèrent la perte de tant de braves soldats. Que pouvait la force contre la ruse ? Ce n'était plus une guerre, c'était un guet-apens continuel, un assassinat en détail, et le fanatisme venait encore s'ajouter à la fureur patriotique des révoltés espagnols. Moins d'un an auparavant, Saragosse venait de succomber, et une pareille victoire *payée* plus cher qu'une défaite montrait jusqu'à quel point la situation était terrible. Nous ne ferons pas l'histoire de ce siége de huit mois, terminé par vingt-huit jours de tranchée ouverte et vingt-trois jours de combat dans les rues, dans les couvents, dans les églises, devenues autant de forteresses et défendues avec l'énergie du désespoir par une population fanatisée. La victoire de Talaveyra n'avait été qu'un demi-succès, et quand le 66ᵉ de ligne arriva pour prendre part à la lutte, les affaires des Français étaient dans le plus mauvais état.

Les insurgés occupaient les campagnes, arrêtaient les convois, massacraient les soldats isolés ; chaque homme était un ennemi, d'autant plus redoutable, que souvent il inspirait moins de défiance. Partout on était pris entre l'espionnage et l'assassinat.

On comprend sans peine quelle terrible école fut cette guerre d'Espagne pour un jeune homme de dix-neuf ans qui faisait ses premières armes dans ces périlleuses circonstances. Il fallait non-seulement le courage du soldat pour se battre et défendre sa vie et son drapeau, il fallait aussi une grande énergie pour résister à la démoralisation et au découragement dans cette armée d'Espagne qui seule éprouvait des revers pendant que les autres remportaient sur un autre point de l'Europe leurs plus éclatantes victoires. La prudence de Wellington était venue organiser la défense des Espagnols et régler leurs mouvements jusqu'alors mal combinés et dépourvus d'unité. Le général anglais, dans ses formidables retranchements de Torres-Vedras, avait repoussé toutes les attaques de ce brillant Masséna que, dans des temps plus heureux, on avait surnommé l'enfant chéri de la victoire. La prise de Ciudad-Rodrigo et la défaite de Marmont aux Arapyles avaient détruit tout l'effet des victoires gagnées en même temps par Suchet dans l'est de la Péninsule, l'orage grandissait, et c'était dans des luttes quotidiennes que le jeune Magnan faisait son apprentissage du rude métier des armes.

Il n'avait pas tardé à se faire distinguer de ses chefs, et en 1811, il était sous-lieutenant. L'année suivante, il illustrait son épaulette par une action d'éclat.

A l'affaire de la Villa-Muriel, la 25 octobre 1812, il se trouvait en face des Anglo-Portugais qui étaient postés près de Palencia avec des forces supérieures en nombre. La rivière du Gazilon séparait les combattants. L'ordre est donné de culbuter l'ennemi, et le jeune sous-lieutenant s'élance dans la rivière à la tête de la compagnie à laquelle il appartenait, arrive à l'autre bord sous le feu d'une troupe de plus de six cents hommes qu'il aborde avec intrépidité, et marche en avant. Quelques grenadiers l'avaient suivi : l'ennemi se débande devant l'impétueuse attaque de ces braves, et fuit, leur abandonnant bon nombre de prisonniers.

Il n'attendit pas longtemps là récompense de sa belle conduite, et fut nommé lieutenant le 8 février 1843.

Noblesse oblige, et vaillance aussi : c'est pourquoi le jeune lieutenant ne vit dans son rapide avancement qu'une obligation plus étroite de le justifier par de nouveaux exploits. L'occasion ne tarda pas à se présenter : elle ne se faisait guère attendre dans cette lutte d'extermination où chacun se trouvait si souvent forcé de payer de sa personne.

Le 14 mai 1843, le lieutenant Magnan fut chargé avec sa compagnie de faire une expédition dans le village de Valences : il n'avait sous ses ordres que cent cinquante-cinq hommes, et cependant il lui fallait s'éloigner à une assez grande distance des cantonnements français. Lorsqu'il fut parvenu à plus de trois lieues dans l'intérieur du pays, il se vit attaqué à l'improviste et avec fureur par une nombreuse bande

de guérillas. Les ennemis avaient dans leurs rangs
plus de cinq cents hommes à cheval et deux cents
fantassins. En présence de forces si redoutables, le
jeune chef conserva tout son sang-froid et ne perdit
pas un instant courage. Avec cette sûreté de coup
d'œil qui l'a toujours distingué, il vit que la résistance
était non-seulement possible, mais même avait des
chances de succès ; contre cette multitude fanatique
la discipline et la bravoure de ses hommes guidés par un
chef intrépide devait l'emporter. Il ordonne donc avec
calme les préparatifs de la retraite, et l'exécute en bon
ordre, maintenant à distance la foule des assaillants qui
ne tardèrent pas à reconnaître toute l'inutilité de leur
tentative et cherchèrent en vain à le harceler. Le résultat de l'affaire est le plus éloquent témoignage que
l'on puisse citer en faveur de l'habileté du jeune héros
français. Il tua aux Espagnols dix-sept chevaux et
trente-un hommes dont un officier. Pour lui, ses pertes
furent tellement minimes, qu'on ne peut attribuer un
pareil succès qu'à un prodige de courage et de sang-
froid : il rejoignit son cantonnement sans autre perte
que neuf hommes tués dans une lutte non moins
longue que difficile à soutenir. Car, pour comprendre
toute l'importance d'un si beau résultat, il faut bien
se rappeler que la petite troupe des Français battait
en retraite devant des forces supérieures, qu'elle avait
à lutter contre des hommes fanatiques et exaltés qui
connaissaient le pays, profitaient des moindres accidents de terrain et comptaient pour rien la perte de

leur vie, lorsqu'ils pouvaient immoler un ennemi de leur patrie.

Le jeune lieutenant continua de se distinguer par sa belle conduite dans plusieurs affaires, et le 6 septembre de la même année, reçut une nouvelle et juste récompense de ses services. Il fut nommé capitaine de ce même régiment qui l'avait reçu simple soldat moins de quatre ans auparavant. Il reste encore la fin de l'année en Espagne, prenant part à cette lutte qui de jour en jour devenait plus terrible, et voyant tout tomber autour de lui, quoiqu'il ne se ménageât pas, comme on l'a vu, et qu'il fît bravement son devoir.

Le capitaine Magnan quitta l'Espagne et ce 66ᵉ régiment de ligne où il avait fait ses premières armes. Le 13 janvier 1814, il est nommé capitaine adjudant-major au 1ᵉʳ régiment des tirailleurs de la garde, et c'est en cette qualité qu'il prend une part active à cette merveilleuse campagne de France, qui fut le chef-d'œuvre du plus grand tacticien des temps modernes.

. N'oublions pas que dans le même temps où le jeune capitaine se voyait récompensé de sa belle conduite dans la guerre d'Espagne, par sa nomination dans un des corps d'élite de l'armée impériale, une autre distinction lui était encore accordée pour ses brillants services. Le 22 janvier, neuf jours après son entrée dans son nouveau régiment, il était nommé chevalier de la Légion d'honneur, et il ne devait pas tarder, suivant son habitude, à justifier cette récompense par de nouveaux exploits.

De nouveau à Craonne, le 7 mars 1814, le capitaine Magnan fut atteint d'un biscaïen au bas-ventre, mais, malgré sa blessure, il n'en reste pas moins toute la journée à son poste, payant de sa personne, et soutenant ses hommes de ses énergiques encouragements et de son exemple.

Le 1ᵉʳ juillet 1814, le capitaine adjudant-major Magnan, à peine remis de la blessure qu'il avait reçue à l'affaire de Craonne, était mis en non-activité, ainsi que la plupart des officiers de l'héroïque armée qui venait de succomber sous les efforts combinés de l'Europe entière.

Mais il ne resta pas longtemps dans l'inaction, et les Cent-Jours le retrouvèrent à son poste dans l'armée active. Le 13 avril 1815, il fut nommé dans son ancien grade au 4ᵉ régiment des tirailleurs de la garde et prit part en cette qualité à la lutte suprême qui emporta l'Empire et l'Empereur et se termina par la captivité de Sainte-Hélène.

Le licenciement de l'armée impériale le mit de nouveau en non-activité, mais il n'y resta pas longtemps. Malgré ses préventions contre les héroïques débris des armées de l'Empire, le gouvernement de la Restauration ne pouvait laisser de côté un officier d'un pareil mérite. Aussi, quelques mois après, dès qu'on procéda à la réorganisation de l'armée, le capitaine Magnan reprit sa place, non-seulement dans l'armée, mais même dans un corps d'élite, tel que celui dont il faisait partie auparavant. Il ne resta que deux mois en non-activité. Le 23 octobre 1815, il fut nommé capitaine adjudant-major au 6ᵉ régiment de la garde royale.

Il resta deux ans dans ce grade et ne tarda pas à s'y faire remarquer par ses qualités solides et brillantes. Aussi le 6 septembre 1817, fut-il nommé chef de bataillon, et trois ans plus tard, le 20 mars 1820, il obtint une nouvelle récompense de ses services par la décoration d'officier de la Légion d'honneur.

Bientôt après, 8 août 1821, il fut chargé de commander un des bataillons du 34ᵉ de ligne, et enfin le 29 novembre de l'année suivante, il fut promu au grade de lieutenant-colonel au 60ᵉ de ligne.

La guerre était imminente avec l'Espagne ; le Gouvernement aimait à avoir sous la main pour cette expédition, des hommes déjà familiarisés avec le pays, et on se rappelle que c'est en Espagne, dans les pénibles et périlleuses campagnes de 1811 et 1812, que le lieutenant-colonel Magnan avait fait ses premières armes. Il fut donc envoyé avec son régiment pour faire partie du corps d'observation des Pyrénées, 24 décembre 1822.

La guerre ne tarda pas à être déclarée et le lieutenant-colonel Magnan se montra dans ces nouvelles circonstances digne de son brillant passé et de son glorieux avenir. Il faisait partie du quatrième corps, et il ne tarda pas à se distinguer comme sous l'empire sur cette terre où il avait gagné ses premiers grades. Le quatrième corps fut désigné pour assiéger Barcelone, et pendant ce siége, de fréquentes sorties des assiégés vinrent contrarier et entraver les progrès des assaillants. Une de ces affaires fut des plus glorieuses pour le colonel Magnan, Le 9 juillet 1823, avec deux bataillons et cinquante chevaux, il se vit attaqué par une colonne espagnole forte de plus de deux mille hommes et soutenue de quatre pièces de canon : il la repoussa victorieusement, la chassa devant lui l'épée dans les reins, et la força à rentrer dans la place, après avoir essuyé des pertes considérables. Aussi fut-il mis, pour ce glorieux fait d'armes, à l'ordre du jour du quatrième corps : dans cette noble et belle carrière si bien remplie, chaque jour était l'occasion d'un nouveau triomphe.

Un mois à peine s'était écoulé lorsqu'il vint donner de nouvelles preuves de son habileté et de sa valeur. Le 13 août, auprès du village de Càldès, dans la Catalogne, un corps de plus de cinq mille hommes, sous les ordres de Milany et de Cabrera venait de remporter un succès qui compromettait les positions occupées par les troupes françaises : le colonel Magnan répara le mal.

A la tête d'un seul bataillon, il se porta en avant par une marche hardie, tourna la position de l'ennemi, et par cette manœuvre exécutée avec autant de bravoure que d'audace, détermina la retraite du corps d'armée tout entier, car les deux chefs insurgés perdirent ainsi tout l'avantage qu'ils venaient d'obtenir et se trouvèrent eux-mêmes en danger. Ce nouvel exploit valut au colonel Magnan l'honneur d'être cité de nouveau à l'ordre du jour du quatrième corps, et la guerre ayant été terminée quelques jours après par la prise du Trocadéro, 1er septembre, il resta en France avec de nouveaux lauriers et de nouveaux titres à la gloire.

Le gouvernement de la Restauration lui donna à cette époque la croix de chevalier de Saint-Louis qu'il avait si bien méritée par ses nouveaux services.

Rentré en France, il fut nommé, le 21 septembre 1827, colonel au 49e de ligne, et c'est dans cette position qu'il vit arriver la révolution de 1830.

Mais il n'était déjà plus en France lorsque survinrent les événements qui renversèrent Charles X de son trône. La guerre était déclarée avec le dey d'Alger, et le colonel Magnan faisait partie de l'expédition où il se distingua comme partout.

Il se trouvait toujours où il y avait de la gloire et des lauriers à cueillir, des dangers à affronter, des services à rendre, et la guerre ne le trouva jamais paisible dans les garnisons de l'intérieur, tandis que le canon grondait au dehors.

A peine débarqué sur la côte africaine, il prit part à tous les combats. Les soldats du dey vinrent offrir à nos troupes la bataille de Staouéli, 19 juin 1830.

Ce ne fut qu'offrir au drapeau français l'occasion d'une nouvelle victoire.

Le colonel du 49ᵉ se conduisit dans cette affaire de manière à mériter l'honneur d'être cité au rapport officiel du général en chef de l'armée d'Afrique, rapport qui fut insérée au *Moniteur* du 5 juillet 1830.

En même temps, la bravoure qu'il avait déployée dans cette bataille, où il sut inspirer aux soldats du 49ᵉ de ligne l'ardeur dont lui-même se montra constamment animé, engageait le général en chef à demander pour lui la décoration de commandeur de la Légion d'honneur (1).

Le colonel Magnan payait du reste de sa personne dans toutes les occasions : quelques jours à peine après la bataille, le 26 juin 1830, il reçut une contusion à la jambe gauche dans une des escarmouches de chaque instant qui signalèrent la marche de nos soldats sur la capitale du dey.

Six semaines après, dans une autre affaire, le 8 août, il avait son cheval tué sous lui, en marchant à

(1) Dans cette journée, l'ennemi tente un effort vigoureux contre deux compagnies du 49ᵉ qui formaient l'arrière-garde, des centaines de cavaliers se réunirent et se portèrent au galop vers ces compagnies. Le colonel Magnan se trouvait au milieu d'elles. Rassurés par leur chef, nos soldats tinrent ferme, et lorsque l'ennemi fut à vingt pas d'eux, un feu nourri l'arrêta et le mit en fuite. Plusieurs arabes restèrent sur le champ de bataille, d'autres qui avaient reçu des blessures, furent emportés par leurs chevaux dans différentes directions.

(Extrait du *Journal d'un officier de l'armée d'Afrique*, par le général Desprez).

la tête de son régiment, qui, sous un chef aussi héroïque, faisait des prodiges, et, dès les premiers jours, prenait si noblement sa place dans cette brillante armée d'Afrique d'où sont sortis tant de braves.

La prise d'Alger, qui suivit bientôt, n'entraînait pas la conquête du pays : il fallut réduire les villes du littoral et les tribus de la montagne et de la plaine. Le colonel Magnan fut dirigé sur Bône avec son régiment, et il prit la part la plus active et la plus glorieuse à tous les combats qui se livrèrent sous les murs de cette ville (1).

Cette brillante conduite lui valut de nouveau l'honneur d'être cité au rapport officiel du général en chef de l'armée d'Afrique, rapport inséré au *Moniteur* du 17 octobre 1830.

Ce même rapport, rendant justice aux éminentes qualités et à la valeur reconnue du colonel Magnan, se terminait par une demande d'avancement en sa faveur et le proposait au choix du ministre pour le

(1) Ce fut le 20 août au soir que les troupes commencèrent à s'embarquer; les compagnies d'élite quittèrent Bône le 21 à onze heures du matin; le colonel Magnan les commandait; il eut à repousser jusqu'au dernier moment les efforts de l'ennemi, qui occupait nos positions à mesure qu'elles étaient abandonnées. Loyalement secondé par les habitants de Bône, il acheva, sans avoir éprouvé de perte, une opération qui présentait beaucoup de difficultés. Le chef de cette courte mais laborieuse expédition avait montré autant de sagesse dans ses dispositions que de vigueur sur le champ de bataille. La conduite brillante du colonel Magnan répondit à l'opinion qu'on avait déjà conçue de lui.

(Extrait du même journal.)

3

grade de maréchal de camp qu'il ne devait pas tarder à obtenir.

Cependant on rappelait d'Afrique une partie des troupes qui avaient pris part à la conquête : le colonel Magnan rentra en France avec son régiment et, le 15 novembre 1833, il reçut la croix de commandeur de la Légion d'honneur, juste récompense de ses brillants exploits en Afrique.

Le 31 décembre 1835, il fut également nommé au grade de maréchal de camp.

Mais, à cette époque, il n'était déjà plus en France : il fallait sans cesse de nouveaux travaux à cette infatigable activité. A peine rentré d'Afrique, il passe au service de Belgique, comme colonel français, avec le grade de maréchal de camp ; il réorganise l'armée belge et rentre en France en 1839, après avoir heureusement terminé sa tâche.

La grande croix de l'Ordre de Léopold de Belgique, qui brille sur la poitrine du maréchal, atteste les services éminents qu'il rendit pendant son séjour dans ce pays.

Le Gouvernement français l'avait rappelé pour utiliser de nouveau ses talents bien connus, et le 4 juillet 1839, il était nommé au commandement de la subdivision du Nord, à Lille. Rien ne pouvait mieux témoigner la haute confiance qu'on avait en lui, qu'un pareil choix ; car on lui mettait entre les mains une des subdivisions les plus importantes par son étendue et par sa population.

Nous n'avons pas besoin de rappeler que ce fut pendant qu'il exerçait ce commandement qu'eut lieu l'affaire de Boulogne. Le maréchal de camp resta fidèle à son devoir et à sa consigne, et les faits ultérieurs ont démontré que l'Empereur ne lui en avait pas gardé rancune et avait su apprécier, au contraire, ce caractère droit et loyal, dont le dévouement est d'autant plus sûr qu'il fut mis à cette époque à une rude épreuve, placé qu'il était entre ses devoirs de soldat et ses sympathies profondes pour l'héritier de Napoléon. Les rapports actuels de l'Empereur et du maréchal font le plus bel éloge de l'un et de l'autre : car ils prouvent chez l'un le sentiment du devoir, chez l'autre un esprit de modération et de justice qui lui permet d'apprécier les hommes à leur valeur réelle. On est heureux de voir le Souverain actuel de France mettre si généreusement en pratique la noble parole prononcée par un des rois qui l'ont précédé sur ce trône : « Le roi de France ne se souvient pas des in« jures souffertes par le duc d'Orléans. »

Le 20 octobre 1845, le maréchal de camp Magnan fut promu au grade de lieutenant général et, en cette qualité, envoyé comme inspecteur général en Afrique en 1845 et 1846. Il fut également inspecteur général en France en 1847.

Ces fonctions convenaient admirablement à ce vaillant homme de guerre qui, depuis tant d'années, joignait la pratique à la théorie. Car le général n'est pas seulement un homme d'action, ce n'est pas unique-

3.

ment un brave sur le champ de bataille, c'est aussi dans les conseils et dans l'administration un homme d'un mérite et d'une capacité reconnus, et le Gouvernement ne pouvait faire un meilleur choix pour inspecter notre armée, s'enquérir des besoins et pourvoir aux améliorations nécessaires ou possibles.

La révolution de février survint, et, dans cette occasion, le maréchal se montra plus que jamais un vaillant soldat, un ami de bon conseil et un homme de cœur.

Nous ne referons pas ici l'histoire de ces trois journées : nous nous contenterons seulement de constater la noble et belle attitude du général Magnan dans cette heure suprême et au milieu de cette tempête qui emportait un trône. Fidèle à ses devoirs et à sa conscience, fidèle surtout au malheur, il se mettait, le 24 février, à la disposition du roi Louis-Philippe, et s'apprêtait, de concert avec son ami le général Carrelet, à défendre les Tuileries.

Après l'abdication, il ne se crut pas quitte, comme tous ceux que guidaient l'ambition et la peur, et qui s'éloignaient en toute hâte de cette royauté qui s'écroulait et dont ils redoutaient les débris. Il fut le *seul* général qui accompagna en uniforme la duchesse d'Orléans et ses enfants à la Chambre.

De pareils traits suffisent pour peindre un homme, et lui attirer l'estime sincère de tous les gens de cœur, sans distinctions de parti ni d'opinion : car la fidélité au malheur et le dévouement au devoir sont des vertus trop rares, pour qu'on ne les admire pas chez ceux qui en offrent encore des exemples.

Le Gouvernement provisoire, qui pourtant était, et devait être ombrageux, rendit justice à la noble et fière attitude du général, et, le 24 février 1848, pendant qu'il témoignait ainsi son dévouement à la monarchie qui tombait, il était nommé au commandement de la Corse.

On l'éloignait, il est vrai, de Paris et de la France, mais ce n'était pas une disgrâce, si l'on songe au nombre d'officiers généraux qu'on mettait alors en non-activité. On n'éloignait le général que temporairement, et en le maintenant dans l'armée active, le Gouvernement provisoire montrait qu'il comptait assez sur le patriotisme bien connu du général, pour n'avoir pas besoin de prendre à son égard des mesures de défiance.

Du reste, il ne resta que quelques mois en Corse.

L'armée des Alpes se formait, et le général Magnan fut appelé au commandement de la troisième division d'infanterie en mai 1848. On voit que le Gouvernement provisoire rendait promptement justice à ce valeureux guerrier qui, sous tous les régimes, avait tenu haut et ferme le drapeau de la France, sans jamais descendre aux intrigues des partis ou des coteries. Au mois de juin 1849, il fut chargé provisoirement du commandement en chef de cette armée.

Ce fut là qu'il créa cette belle et admirable division

que tout Paris alla contempler au camp de Saint-Maur, à l'époque des journées de juin.

Dans cette circonstance, comme toujours, le général se distingua par son courage et sa promptitude d'exécution. Appelé au secours de la capitale, il fit faire à sa division cent vingt lieues en sept jours, et donna ainsi une nouvelle et magnifique preuve de son dévouement aux intérêts de son pays.

Bientôt après, cette division partit pour l'Italie, mais elle partit sans lui : il était retenu en France par de nouveaux et plus impérieux devoirs.

Le maréchal Bugeaud l'avait mandé à Lyon pour le remplacer provisoirement dans le commandement en chef, pour « prendre son rôle », comme écrivait le vainqueur d'Isly, et sa confiance ne fut pas trompée.

Le 15 juin 1849, lorsqu'éclata à Lyon la formidable insurrection communiste de la Croix-Rousse, il la comprima avec énergie, après un combat de six heures au canon et à la baïonnette. Là, comme partout, comme toujours, il paya constamment de sa personne, se tint aux postes les plus périlleux, dirigea lui-même l'élan des troupes et l'exécution des manœuvres qu'il avait commandées, et eut son cheval blessé sous lui par les balles des insurgés.

A la suite de cette victoire, il fut nommé grand officier de la Légion d'honneur, le 23 juin 1849, et cette décoration fut achetée par lui, ainsi que toutes les autres, par d'admirables faits d'armes.

Un mois après, en juillet 1849, il fut appelé au

commandement de la 6ᵉ division militaire, à Strasbourg.

Ses concitoyens voulurent aussi lui témoigner leur reconnaissance pour ses longs et glorieux services, et les électeurs parisiens le portèrent à la représentation nationale par 124,492 voix.

En présence du résultat de ce scrutin, il quitta le commandement de sa division et vint siéger à la Chambre.

Mais bientôt la confiance du Président de la République, qui avait su l'apprécier, l'appela à de plus hautes et plus importantes fonctions.

Le 15 juillet 1851, il était chargé du commandement en chef de l'armée de Paris.

Dans cette circonstance, il donna sa démission de représentant, et se rendit à son nouveau poste.

Quelques mois après, le 2 décembre arrivait et le trouvait sur la brèche au premier rang. Nous ne retracerons pas de nouveau l'histoire de ces journées que tout le monde connaît : nous devons cependant nous arrêter un peu sur les événements militaires qui furent dirigés par l'habile et vaillant général.

A l'armée nombreuse et redoutable de l'insurrection, il avait à opposer les forces suivantes :

Première division, commandée par le général Carrelet ; généraux de brigade : MM. de Cotte, de Bourgon, Dulac, Reybell et Canrobert : 27ᵉ, 28ᵉ, 33ᵉ, 49ᵉ, 58ᵉ et 72ᵉ régiments d'infanterie de ligne, 15ᵉ régiment d'infanterie légère : 9ᵉ, 10ᵉ et 11ᵉ batteries du

6e régiment d'artillerie ; 5e et 7e compagnies du 1er bataillon du 1er régiment du génie ; 5e bataillon de chasseurs à pied, garde républicaine, deux bataillons de gendarmerie mobile, 2e et 7e régiments de lanciers, deux escadrons de guides.

Deuxième division, commandée par le général Renault ; généraux de brigade : Sauboul, Forey et Ripert, 6e, 14e, 19e, 30e, 37e, 42e et 56e régiments d'infanterie de ligne ; 4e, 7e et 8e batteries du 7e régiment d'artillerie ; 1re compagnie du 2e bataillon du 1er régiment du génie ;. 3e et 6e bataillons de chasseurs à pied.

Troisième division, commandée par le général Levasseur ; généraux de brigade : MM. Herbillon, Marulaz et de Courtigis ; 3e, 6e, 31e, 43e, 44e et 51e régiments d'infanterie de ligne ; 6e et 19e légers ; 2 batteries d'artillerie, 9e bataillon de chasseurs à pied ;

Division de grosse cavalerie (réserve, commandée par le général Korte : généraux de brigade, MM. Tartas et d'Allonville : 1er et 2e carabiniers, 6e et 7e cuirassiers, 12e dragons.

Total : 18 régiments d'infanterie de ligne, 3 régiments d'infanterie légère, 4 bataillons de chasseurs à pied, 2 bataillons de garde républicaine et 2 bataillons de gendarmerie mobile, 4 compagnies du génie et 1 de mineurs ; 2 régiments de lanciers, 2 de carabiniers, 2 de cuirassiers, 1 de dragons, 2 escadrons de guides, 2 escadrons de garde républicaine,

2 de gendarmerie mobile, 19 batteries d'artillerie embrigadées.

Maintenant que nous connaissons les forces dont le général peut disposer, c'est à lui-même que nous laissons la parole pour faire connaître la manière à la fois habile et active dont il sut les employer.

Nous ne nous occupons pas des journées du 2 et du 3 décembre, qui eurent peu d'importance ; nous arrivons de suite à celle du 4, qui fut décisive, et là nous copions textuellement le rapport du général :

. . . .

« Voyant que la journée (celle du 3) s'était passée en escarmouches insignifiantes et sans résultat décisif, et soupçonnant que l'intention des meneurs était de fatiguer les troupes, en portant successivement l'agitation dans tous les quartiers ; je résolus de laisser l'insurrection livrée à elle-même, et de lui donner la facilité de choisir son terrain, de s'y établir et de former enfin une masse compacte que je pusse atteindre et combattre.

« Dans ce but, je fis retirer tous les postes, rentrer toutes les troupes dans leurs casernes, et j'attendis.

« Dès le 4 au matin, les rapports de M. le préfet de police et mes propres reconnaissances m'informèrent que des attroupements nombreux se formaient dans les quartiers Saint-Antoine, Saint-Denis, Saint-Martin et qu'ils commençaient à y élever des barricades.

« L'insurrection paraissait avoir son foyer dans l'espace compris entre les boulevards et les rues du Temple, Rambuteau et Montmartre.

« A midi, j'appris que les barricades devenaient formidables et que les insurgés s'y retranchaient; mais j'avais décidé de n'attaquer qu'à deux heures, et, iné-branlable dans ma résolution, je n'avançai pas le moment, quelques instances qu'on me fît pour cela. Je connaissais l'ardeur de mes troupes, je savais leur impatience de combattre et j'étais sûr de vaincre cette insurrection en deux heures, si elle voulait franchement accepter le combat.

« Le succès a justifié mon attente. L'attaque or-donnée pour deux heures devait avoir lieu par un mouvement convergent des divisions Carrelet et Le-vasseur.

« En conséquence, la brigade Bourgon prit position entre la porte Saint-Denis et la porte Saint-Martin.

« Les brigades de Cotte et Canrobert se massèrent sur le boulevard des Italiens, pendant que le géné-ral Dulac occupait la pointe Saint-Eustache et que la brigade de cavalerie du général Reybell s'établissait dans la rue de la Paix.

Le général Levasseur, reprenant ses positions, for-ma ses colonnes pour appuyer le mouvement de la di-vision Carrelet.

A deux heures de l'après-midi, toutes ces troupes s'élancèrent en même temps.

La brigade de Bourgon balaie le boulevard jusqu'à la rue du Temple, et descend cette rue jusqu'à celle de **Rambuteau**, enlevant toutes les barricades qu'elle trouve sur son passage.

La brigade de Cotte s'engage dans la rue saint-Denis, pendant qu'un bataillon du 15ᵉ léger était lancé dans la rue du Petit-Carreau, déjà barricadée.

Le général Canrobert, prenant position à la porte Saint-Martin, parcourt la rue du faubourg de ce nom et les rues adjacentes, obstruées par de fortes barricades, que le 5ᵉ bataillon de chasseurs à pied, aux ordres du commandant Levassor, enlève avec une rare intrépidité.

Le général Dulac lance à l'attaque de la rue de Rambuteau et des rues adjacentes des colonnes formées des trois bataillons du 51ᵉ de ligne, colonel de Lourmel, et de deux autres bataillons, l'un du 19ᵉ de ligne, l'autre du 43ᵉ, appuyés par une batterie.

En même temps la brigade Herbillon formée en deux colonnes, dont l'une était dirigée par le général Levasseur en personne, pénétrait dans le foyer de l'insurrection par les rues du Temple, de Rambuteau et Saint-Martin.

Le général Marulaz opérait dans le même sens par la rue Saint-Denis, et jetait dans les rues transversales une colonne légère aux ordres de M. le colonel de la Motterouge, du 19ᵉ léger.

De son côté, le général de Courtigis arrivant de Vincennes à la tête de sa brigade, balayait le faubourg Saint-Antoine, dans lequel plusieurs barricades avaient été construites, les différentes opérations ont été conduites, sous le feu des insurgés, avec une habileté et un entrain qui ne pouvaient pas laisser le succès douteux un instant. Les barricades, attaquées d'abord à coups de canon, ont été enlevées à la baïonnette. Toute la partie de la ville qui s'étend entre les faubourgs Saint-Antoine et Saint-Martin, la pointe Saint-Eustache et l'hôtel de Ville, a été sillonnée en tous sens par nos colonnes d'infanterie, les barricades enlevées et détruites, les insurgés dispersés et tués. Les rassemblements qui ont voulu essayer de se reformer sur les boulevards ont été chargés par la cavalerie du général Reybell, qui a essuyé, à la hauteur de la rue Montmartre, une assez vive fusillade.

Attaqués de tous les côtés à la fois, déconcertés par l'irrésistible élan de nos troupes et par cet ensemble de dispositions enveloppant, comme dans un réseau de fer, le quartier où ils nous avaient attendus, les insurgés n'ont plus osé rien entreprendre de sérieux.

A cinq heures, les troupes de la division Carrelet venaient reprendre position sur le boulevard.

Ainsi, commencée à deux heures, l'attaque était terminée avant cinq heures du soir. L'insurrection était vaincue sur le terrain qu'elle avait choisi.

Toutefois quelques combats partiels ont eu lieu en dehors de ce terrain, et je crois devoir vous les signaler.

Le 4, vers sept heures du soir, quelques rassemblements d'insurgés, dispersés par les diverses colonnes, se réunirent dans le haut de la rue Saint-Honoré, des

Poulies, et plusieurs petites rues adjacentes, où ils commencèrent à se barricader.

D'autres attroupements avaient lieu en même temps dans les rues Montmartre et Montorgueil, dont les réverbères avaient été éteints, et où les insurgés, à la faveur de l'obscurité, avaient pu élever de nouvelles barricades.

Vers huit heures, le colonel de Lourmel, du 51ᵉ de ligne, qui était resté en position près de la pointe Saint-Eustache, bien qu'appréciant toutes les difficultés d'une attaque de nuit, se décida à faire attaquer immédiatement par le 2ᵉ bataillon de son régiment.

Les quatre premières barricades furent enlevées au pas de course et avec le plus grand élan par les grenadiers et les voltigeurs de ce bataillon. Une cinquième restait debout, plus élevée et mieux défendue que les autres.

Malgré son éloignement, malgré l'obscurité, le colonel de Lourmel n'hésita pas à prendre ses dispositions pour l'attaquer. Quinze grenadiers, aux ordres du sergent Pitrois, s'élancent les premiers, bientôt suivis par les grenadiers et les voltigeurs du bataillon, entraînés par le commandant Jeannin.

Rien ne peut résister à l'entraînement de ces braves soldats. La barricade est enlevée, malgré une résistance désespérée. Cent insurgés environ la défendaient. Quarante sont tués sur place, les autres sont faits prisonniers. Une centaine de fusils, des armes de toute espèce, d'abondantes munitions, tombent au pouvoir de nos soldats.

Le colonel Courant, du 19ᵉ de ligne, qui occupait avec son régiment le Palais National, apprenant qu'un nombre considérable d'insurgés, chassés du carré Saint-Martin, s'étaient ralliés sur la place des Victoires, et menaçaient la Banque de France et les qnartiers environnants, s'y porte au pas de course avec son régiment, enlève les barricades des rues Pagevin et des Fossés-Montmartre, et revient s'établir à la Banque d'où il a pu maintenir la tranquillité des quartiers de la Banque et de la Bourse.

Je n'achèverai pas de citer : je ne puis cependant pas m'empêcher de rendre justice à l'énergique habileté avec laquelle M. le capitaine de la Roche d'Oisy, commandant la 4ᵉ compagnie du 1ᵉʳ bataillon de gendarmerie mobile, a su, pendant tout le temps qu'a duré l'insurrection, préserver de toute insulte l'Imprimerie Nationale, entourée sans cesse de groupes menaçants. Plusieurs barricades ont été construites dans les rues voisines, dans le but de couper les communications de cet établissement. M. le lieutenant Fabre de cette compagnie, à la tête de vingt-cinq gendarmes, a enlevé au pas de course la plus forte de ces barricades formée au moyen de diligences renversées, de tonneaux pleins de pavés et de pièces de bois. Les autres barricades ont été successivement abordées et détruites, la circulation rétablie et maintenue par de fréquentes patrouilles.

A la Chapelle-Saint-Denis, quelques compagnies du
28e de ligne ont enlevé de nombreuses barricades, et
maintenu la tranquillité dans ces quartiers populeux,
que les sociétés secrètes avaient profondément re-
mués.

Pendant que ces événements se passèrent sur la
rive droite de la Seine, le général Renault, commandant la 2e division, occupait la rive gauche, et, par
l'habileté de ses dispositions, par la bonne contenance
de ses troupes, il a pu garantir de toute agitation la
population ouvrière des 11e et 12e arrondissements
dans laquelle, à une autre époque, l'insurrection avait
fait de nombreux prosélytes.

La division de cavalerie de réserve, aux ordres du
général Korte, appelée de Versailles, a pris position
d'abord aux Champs-Élysées, puis sur les boulevards,
et a puissamment contribué, par de nombreuses et
fortes patrouilles, à l'arrestation d'un grand nombre
d'insurgés et au rétablissement complet de la tranquillité.

Les rapports qui me furent adressés dans la nuit
du 4 sur l'état de Paris, me donnant la presque cer-
titude que l'insurrection n'oserait pas lever la tête,
je retirai à minuit une partie des troupes de leurs positions de combat, pour leur donner un repos qu'elles
avaient si bien mérité.

Le lendemain, 5 décembre, je voulus montrer toute
l'armée de Paris à la population. Je voulais par cette

démonstration rassurer les bons, intimider les mé-
chants.

J'ordonnai aux brigades d'infanterie, avec leur
artillerie et leurs compagnies du génie, de parcourir
la ville en colonnes mobiles, de marcher aux insurgés
partout où ils se montreraient encore, d'enlever et de
détruire les obstacles qui pourraient gêner la circulation.

A cet effet, le général Carrelet, à la tête d'une colonne de sa division, se porta vers neuf heures du
matin à la barrière Rochechouart, où l'on signalait
encore l'existence d'une barricade formidable. Mais
les insurgés, atterrés par le résultat de la journée du
4, n'osèrent plus défendre leurs retranchements et
les abandonnèrent à l'approche des troupes.

Une autre barricade élevée dans le faubourg Pois-
sonnière, fut pareillement désertée par ses défenseurs
avant l'arrivée de la colonne aux ordres du général
Canrobert, chargé de l'enlever.

A partir de ce moment, la tranquillité n'a plus été
troublée dans Paris, et la circulation a été rétablie
sur tous les points.

L'armée est rentrée dans ses quartiers, et dès le
lendemain 6, Paris, ne voyant plus dans les rues ce
déploiement de forces, était rendu à son activité, à
son mouvement, à sa vie habituelle.

Je ne sais, monsieur le Ministre, comment rendre
aux troupes qui ont combattu dans ces deux journées
toute la justice qui leur est due pour la fermeté, l'élan

et la discipline dont elles n'ont cessé de donner les plus éclatantes preuves. Officiers, sous-officiers et soldats, tous ont compris ce que la patrie, ce que la société exigeaient d'eux en ce moment solennel, tous ont doublement fait leur devoir.

J'ai eu surtout à me louer beaucoup du concours énergique des officiers généraux sous mes ordres. Tous ont suivi mes instructions avec une intelligence et un dévouement qui me pénètrent de la plus vive reconnaissance pour eux. Partout ils ont montré aux troupes le chemin qu'elles ont si noblement suivi.

Malheureusement des opérations aussi compliquées ne pouvaient s'exécuter sans pertes sensibles. Nous avons eu dans ces deux journées 24 tués, dont 1 officier, et 184 blessés, dont 17 officiers. De ce nombre est M. le colonel Quilico, du 72ᵉ de ligne, qui a eu le bras traversé d'une balle, en même temps que son lieutenant-colonel, M. Loubeau, tombait à ses côtés, frappé mortellement. L'armée entière est associée aux regrets qu'a causés dans le 72ᵉ de ligne la perte de cet officier supérieur de la plus haute distinction.

La faiblesse numérique de notre perte comparée à celle des insurgés ne peut s'expliquer que par l'élan avec lequel tous les obstacles ont été abordés par nos soldats, et par l'énergie avec laquelle ils ont écrasé l'insurrection. En deux heures de combat, l'armée de Paris a obtenu le résultat qu'elle désirait, elle a justifié dignement la confiance du Président de la République, elle a le sentiment de l'avoir noblement aidé à sauver la société en France et peut-être en Europe.

J'aurai l'honneur de vous adresser très-incessamment l'état des militaires de tous grades qui m'ont paru avoir le plus de titres à des récompenses, et sur lesquels je vous prierai d'appeler le bienveillant intérêt de M. le Président de la République.

Agréez, monsieur le Ministre, l'assurance de mon respectueux dévouement,

Le général commandant en chef.

MAGNAN.

Nous avons cité tout au long ce document, car il nous semble un des beaux titres de gloire du maréchal. Il rend pleine justice à ses compagnons d'armes, il les montre exécutant avec bravoure un plan admirablement combiné et fermement dirigé, mais il se tient lui-même modestement à l'écart, lui, l'auteur de ce plan habile et vigoureux, lui, l'homme de la situation.

La modestie est l'inséparable compagne du vrai mérite, et le rapport du maréchal en est une nouvelle preuve.

Mais s'il s'oubliait lui-même, les autres ne l'oubliaient pas, et savaient lui rendre cette justice qu'il paraissait se refuser à lui-même ; quelques jours après, le Président de la République le nommait grand'croix de la Légion d'honneur, le 11 décembre.

Lors de la proclamation de l'Empire, le vieux soldat de Napoléon Ier fut nommé maréchal de France le 2 décembre 1852, puis bientôt après grand veneur et sénateur.

Enfin, lorsqu'au commencement de cette année, un exécrable attentat vint jeter la consternation dans le grand parti de l'ordre et amena la prise de mesures destinées à prévenir de nouvelles révolutions, le maréchal a été nommé commandant supérieur des divisions du Nord.

En prenant possession de son commandement, le maréchal a adressé à l'armée cette proclamation célèbre qui témoigne de tout son attachement à la cause de l'ordre et des institutions impériales et que nous reproduisons ici.

PROCLAMATION A L'ARMÉE.

Le maréchal commandant en chef l'armée de Paris et l'état-major général de cette armée.

« Sire ,

« L'armée de Paris tout entière, généraux, officiers et soldats, les généraux et les corps de la 1re division militaire , viennent , après les grands corps de l'État, déposer aux pieds du trône l'hommage de leur dévouement et de leur respect.

« Ils remercient Dieu de toute leur âme d'avoir couvert de son égide l'Impératrice et vous.

« Mais un odieux attentat ne pouvait qu'exciter notre indignation. Eût-il réussi, il n'eût pas renversé l'Empire. Nous nous serions écriés : « L'Empereur Napoléon III est mort, vive Napoléon IV ! » Forts de la Constitution et des lois, nous aurions acclamé le Prince Impérial, nous nous serions serrés autour de son berceau, et nous aurions dit à la Régente : « *Comptez sur nous ; la fidélité que nous avions jurée au Père, nous l'aurons pour le Fils.* »

« C'est par ces sentiments, gravés dans tous nos cœurs que l'espoir des factions sera déjoué ; c'est sur ces sentiments que Votre Majesté peut compter pour achever son œuvre et être sûre de l'avenir. Désormais les Napoléon doivent régner sur la France : c'est notre vœu, c'est celui de nos enfants.

« Nous sommes, Sire, de Votre Majesté, les très-humbles, très-dévoués et très-respectueux serviteurs. »

(Suivent les signatures.)

Nous n'ajouterons rien à ces paroles qui peignent l'homme tout entier et qui sont le meilleur commentaire de sa vie.

Nous avons retracé, avec toute l'étendue qu'elle méritait, la carrière militaire du maréchal, nous l'avons suivi dans toutes les guerres de l'Empire ; en Espagne, sous la Restauration, en Afrique, en Belgique, et enfin dans ses admirables plans stratégiques et sa mâle énergie pour vaincre les insurrections. Nous avons parcouru cette noble carrière pleine de valeur et de dévouement au pays.

Notre tâche pourtant ne serait pas complète, si, chez le maréchal Magnan, nous n'examinions que le soldat.

Le maréchal, en effet, n'est pas seulement homme d'épée et des plus braves, il est encore homme de cabinet, et maintes fois, il a donné dans les conseils des preuves de son habileté administrative. Il est écrivain, non pas artisan de phrases, mais écrivain de l'école de Napoléon Ier. Sa phrase, nette, courte, claire, dit beaucoup en peu de mots et atteint à la véritable éloquence sans paraître la rechercher. On peut en voir la preuve dans la notice sur le général Petit, son compagnon d'armes, notice qu'il a écrite en 1856 et qui est un véritable modèle pour le fond comme pour la forme.

Dans son intérieur, le vieux soldat est un homme charmant, un bon père de famille, qui ne s'est pas endurci dans les longues et terribles guerres qu'il a traversées et qui apprécie au plus haut point les jouissances intimes de la famille.

Aussi est-il aimé de tous et adoré des soldats, bons juges en fait de vrai mérite chez ceux qui les commandent. Malgré ses soixante-sept ans, il est encore un des plus beaux soldats de l'armée de Paris, et ne paraît pas cinquante ans. Quand il passe devant un front de bataille, chacun admire cette figure martiale, cette haute stature, cette large poitrine constellée de croix, et qui, à côté des décorations de la Légion d'Honneur, de Saint-Louis, de

Léopold de Belgique, porte encore les croix de Saint-Benoît d'Avise de Portugal, de Saint-Maurice et Saint-Lazare de Sardaigne, du Lion de Zochringen de Bade, du Nisham de Tunis, de Saint-Ferdinand d'Espagne.

Chaque décoration rappelle une action d'éclat, une vie bien remplie, toute d'honneur et de dévouement à son pays.

Le maréchal Magnan est, au XIXe siècle, un preux du moyen âge.

Le fondateur Rédacteur en chef,

F^{ie} DUPERREL DE SAINTE-MARIE (de Lyon).

Paris.—Impr. de Cosse et J. Dumaine, r. Christine, 2.

Pour paraître prochainement, les Notices biographiques

De S. E. le Maréchal VAILLANT, Ministre de la guerre
(2e partie);

M. PETITET, Conseiller d'État, Directeur de la Compta-
bilité au département de la Guerre;

S. E. le Duc de PLAISANCE, Grand Chancelier de la
Légion d'honneur;

S. E. M. FOULD, Ministre d'État et de la maison de
l'Empereur;

M. GAUTIER, Secrétaire général du ministère de la
maison de l'Empereur;

Le Général PEYSSARD, Directeur en chef du personnel
au département de la Guerre;

LL. EE. MM. les Maréchaux PÉLISSIER, Duc de Mala-
koff, CANROBERT, BOSQUET;

S. E. M. ROULAND, Ministre de l'Instruction publique
et des Cultes;

S. E. M. le Sénateur Baron HAUSSMANN, Préfet de la
Seine;

Et de M. BOITTELLE, Préfet de police et des Chefs
principaux de la Préfecture.

Paris. — Imprimerie de Cosse et J. Dumaine, rue Christine, 2.